Smadar Raveh-Klemke
Ivrit

Hempen Verlag

Smadar Raveh-klemke

Ivrit

Die hebräische Schrift
lesen und schreiben
lernen

סמדר רוה-קלמקה

עברית

הכתב העברי
למוד קריאה וכתיבה

HEMPEN VERLAG
BREMEN 2004

Bibliografische Information Der Deutschen Bibliothek
Die Deutsche Bibliothek verzeichnet diese Publikation in der Deutschen
Nationalbibliografie; detaillierte bibliografische Daten sind im Internet über
http://dnb.ddb.de abrufbar.

ISBN 3-934106-35-8

© 2004 Hempen Verlag, Bremen

Das Werk einschließlich aller seiner Teile ist urheberrechtlich geschützt.
Jede Verwertung außerhalb der engen Grenzen des Urheberrechtsgesetzes
ist unzulässig und strafbar. Das gilt insbesondere für Vervielfältigungen,
Übersetzungen, Mikroverfilmungen und die Einspeicherung
und Verarbeitung in elektronischen Systemen.
Umschlaggestaltung: Igel-Studios, Igel b. Trier, Berlin
Gesamtherstellung: Memminger MedienCentrum AG
Gedruckt auf alterungsbeständigem Papier
Printed in Germany

Inhaltsverzeichnis תוכן העניינים

		seite	‏אא/ל‏
Einführung		1	‏k‏
Lektion 1			
	Kof und Vokal a	4	?
	Resch	6	/
	Chet	8	‏ח‏
	Taw	10	‏'‏
	Samech	12	‏?'‏
	He	14	‏?'‏
	Übungen	16	‏lo‏
Lektion 2			
	Vokal e	21	‏ko‏
	Pe	22	‏oo‏
	Fe	24	‏?o‏
	Fe Sofit	26	‏/o‏
	Bet	28	‏no‏
	Wet	30	‏f‏
	Waw	32	‏of‏
	Übungen	34	‏?f‏
Lektion 3			
	Vokal o	39	‏lf‏
	Gimel	40	‏א‏
	Alef	42	‏אo‏
	Dalet	44	‏א?‏
	Lamed	46	‏אl‏
	Jod	48	‏אn‏
	Übungen	50	‏J‏
Lektion 4			
	Vokal i	55	‏Jn‏
	Kaf	56	‏Jl‏
	Chaf	58	‏Jn‏

	Chaf Sofit	60	ο
	sajin	62	סכ
	Übungen	64	סל
Lektion 5			
	Vokal u	67	סז
	Tet	68	סח
	Mem	70	ע
	Mem Sofit	72	עב
	Nun	74	עד
	Nun Sofit	76	עו
	Übungen	78	עח
Lektion 6			
	Schin	82	פב
	Ssin	84	פד
	Ajin	86	פו
	Zadi	88	פח
	Zadi Sofit	90	צ
	Übungen	92	צב
	Vokal Schwa	94	צד
	Übungen	95	צה

Über dieses Buch

Das Erlernen der hebräischen Schrift bietet Ihnen den ersten Zugang zur hebräischen Sprache. Ob Sie als Tourist nach Israel reisen, Theologe sind oder anderweitig am Hebräischen interessiert; mit Hilfe dieses Arbeitsbuches lernen Sie in einfachen und klaren Arbeitsschritten, ohne wissenschaftliche Erklärungen, in 6 Lektionen die hebräischen Buchstaben kennen.

Jede Lektion behandelt einen Vokal und 5 bis 6 Konsonanten in Druck- und Schreibschrift. Jeder neue Buchstabe wird auf einer Doppelseite vorgestellt. Auf der linken Seite wird Ihnen jeweils ein neuer Buchstabe präsentiert (rechts in Druck -, links in Schreibschrift) und Sie werden aufgefordert, ihn in der vorgegebenen Zeile nachzuschreiben.
Darunter finden Sie beispielhaft einzelne hebräische Wörter, in denen die gelernten Buchstaben vorkommen. Zu jedem hebräischen Wort sind die Umschrift und die deutsche Übersetzung angegeben.
Auf der gegenüberliegenden rechten Seite zeigt Ihnen ein typografisches Bild den Buchstaben in verschiedenen Schrifttypen, damit Sie ihn in unterschiedlichen Schreibweisen kennen lernen.

Die Übungen am Ende jeder Lektion helfen Ihnen, sich die gelernten Buchstaben noch einmal einzuprägen und sie voneinander zu unterscheiden.

Die Reihenfolge, in der Sie die Buchstaben erlernen, weicht von der des Alphabets ab, das Buch beginnt mit den Buchstaben, die sich in Druck- und Schreibschrift ähneln. Auf der hinteren Umschlaginnenseite sind die Buchstaben mit Umschrift in der Reihenfolge des hebräischen Alphabets in einer Übersicht zusammengefasst.

Wenn Sie die 6 Lektionen durchgearbeitet haben, sind Sie mit ein wenig Übung bald in der Lage, punktierte hebräische Texte zu entziffern.

Viel Spaß und Erfolg dabei!

Geschichte des Modernen Hebräisch

Ivrit ist das hebräische Wort für Hebräisch. Das Hebräische ist die offizielle und die gesprochene Sprache in Israel.

Bis Ende des 19. Jahrhunderts war Hebräisch eine so genannte tote Sprache, die nur im jüdischen Gottesdienst benutzt wurde. Als um 1890 in Israel die ersten Siedlungen von der Zionistischen Bewegung gegründet wurden, wurde die Sprache wieder zum Leben erweckt. Menschen aus verschiedenen Ländern kamen zusammen und sprachen ihre jeweilige Muttersprache. Die seit Generationen in Palästina lebenden Juden sprachen Arabisch. Einer der Neueinwanderer war Elieser Ben Yehuda, der die Meinung vertrat, nur mit einer gemeinsamen Sprache könnten die Juden in Israel ein Volk werden. Er und seine Anhänger setzten durch, dass Hebräisch in Israel zur gesprochenen Sprache wurde.
Elieser Ben Yehuda hat viele neue Wörter geprägt und das erste Hebräisch-Wörterbuch geschrieben.

Merkmale des Ivrit

Ivrit wird von rechts nach links geschrieben. Für die 22 Konsonanten gibt es eine Druck- und eine Schreibschrift, Groß- und Kleinbuchstaben werden nicht unterschieden. Die Buchstaben werden beim Schreiben prinzipiell nicht miteinander verbunden.

Alle Buchstaben haben auch einen Zahlenwert. Das jüdische Datum, Zahlen in der Bibel und manchmal auch Seitenzahlen werden durch die entsprechenden Buchstaben dargestellt. Im Alltag benutzt man in Israel allerdings arabische Ziffern. Diese werden gegen die hebräische Schreibrichtung von links nach rechts geschrieben.

Die Vokale

Das Hebräische ist eine Konsonantenschrift, d.h. Vokale spielen eine untergeordnete Rolle. Die Vokale werden als Punkte und Striche über und unter den Buchstaben gesetzt. Dies wird Punktierung genannt.
Im modernen Hebräisch schreibt man die Punktierung in der Regel nicht. Nur Wörterbücher, Poesie, Lehr- und Kinderbücher und Zeitungen für Neueinwanderer sind punktiert.

In den folgenden zwei Beispielen sehen Sie , wie es wäre, wenn man Deutsch in dieser Art schreiben würde:

1. Schlf, Kndchn schlf!
    m Hmml zhn d Schf

2. rstnt br dn frhn nrf, grff r nch
    dm Hrr, dr n dr Kchnwnd hng

Im ersten Beispiel handelt es sich um das bekannte Kinderlied „Schlaf, Kindchen, schlaf," im zweiten um einen Satz aus einem Roman. Sie werden die bekannten Zeilen des Kinderlieds leichter entziffern können als den Satz im zweiten Beispiel, weil Sie die Wörter, auch wenn die Vokale nicht geschrieben sind, wiedererkennen.

Im Hebräischen ist es vergleichbar. Als Anfänger brauchen Sie die Punktierung, um lesen zu können. Je größer Ihr Wortschatz ist, desto leichter erkennen Sie die Wörter wieder und können dann ohne Punktierung lesen.

Für jeden Vokal gibt es zwei oder drei unterschiedliche Zeichen. Im Buch werden sie kurz erklärt. In der heutigen Aussprache allerdings wird nicht mehr zwischen langen und kurzen Vokalen unterschieden. Sie werden meistens halblang ausgesprochen.

Die komplexen Punktierungsregeln für die einzelnen Zeichen werden hier nicht erläutert. Die Vokale sind für Sie in erster Linie eine Lesehilfe, und die ausführlichen Regeln würden an dieser Stelle zu Verwirrung führen.

Das Dagesch

Manchmal steht ein Punkt in der Mitte eines Konsonanten, das Dagesch. Meistens bezeichnet es einen Doppelkonsonanten. Allerdings ändert sich der Lautwert dabei nur bei drei Buchstaben (Bet/Wet, Kaf/Chaf, Pe/Fe), die im Buch jeweils extra angeführt sind. Da das Dagesch sonst keine Auswirkung auf die Aussprache hat, werden die Regeln nicht weiter erläutert.

Die Endbuchstaben

5 Konsonanten ändern ihre Form, wenn sie am Ende eines Wortes stehen. Sie werden Endbuchstaben (»sofit«) genannt und sind im Buch jeweils extra aufgeführt. Zusammen mit den 3 zusätzlichen Dagesch-Buchstaben und dem Schin/Ssin werden also insgesamt 31 Konsonantenzeichen behandelt.

Die Betonung

Bei der Aussprache der angegebenen Wörter sollten Sie beachten, dass hebräische Wörter in der Regel auf der letzten Silbe betont werden.

Die Geschlechter

Damit Sie die Beispielwörter grammatikalisch einordnen können, sei noch kurz erwähnt: Es gibt im Hebräischen nur zwei Geschlechter: Maskulinum und Femininum. Das Adjektiv wird in Geschlecht und Zahl seinem Substantiv angepasst. Im Gegensatz zum Deutschen unterscheiden die Verben im Hebräischen je nach dem Subjekt des Satzes zwischen einer maskulinen und einer femininen Form.

קוֹף
Kof

ק ק ק ק ק ק ק ק ק ק ק ק ק

ק

Lektion 1 שִׁעוּר

4

קוֹף
Kof

Kof
wird wie **k**
ausgesprochen.

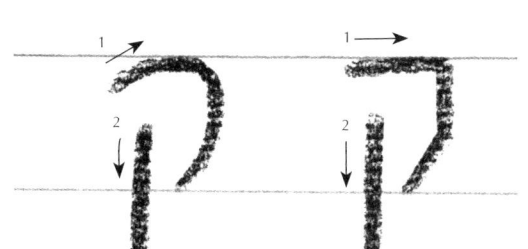

Schreiben Sie:
(von rechts nach links)

ק

ק

Vokal   a   תנועה

Der Vokal **a** wird mit den folgenden
Zeichen unter den Buchstaben dargestellt:

wie a im Bach	אַ
langes a wie in Aal	אָ
kurzes a, unbetont	אֲ

Lesen Sie: קרא:

קַ   ka

קָ   ka

קֲ   ka

רֵישׁ
Resch

ιʅ ι ι ʅ ι ʅ ʅ ʅ ι ι ι ι ι

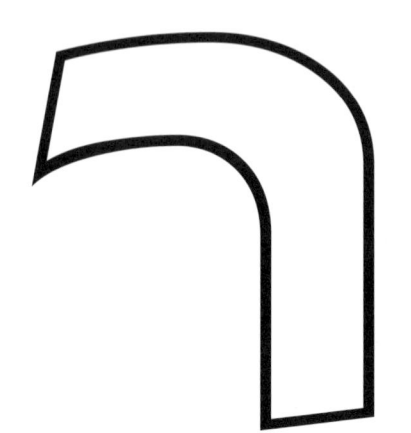

ר ר ר ר ר ו ר ר ל ר

Lektion 1 שִׁעוּר

רֵישׁ
Resch

Resch
wird wie **r**
ausgesprochen.

Schreiben Sie:
(von rechts nach links)

ר

ר

Lesen Sie:
קרא:

קַר   [kar] (m), kalt

רַק   [rak] nur

חֵית
Chet

ח

Lektion 1 שִׁעוּר

חֵית
Chet

Chet
wird wie das
deutsche **ch**
in **Bach**
ausgesprochen.

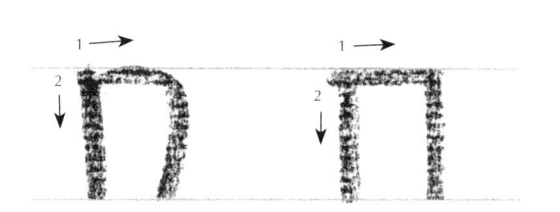

Schreiben Sie:
(von rechts nach links)

ח

ח

Lesen Sie: קְרָא:

חָרַק [charak] er knirschte

חָקַר [chakar] er forschte

קַח [kach] (m), nimm!

תָו
Taw

ת ת ת

ל

Lektion 1 שִׁעוּר

תָּו
Taw

Taw
wird wie **t**
ausgesprochen.

Schreiben Sie:
(von rechts nach links)

ת

ת

Lesen Sie: קרא:

תָּר   [tar] er bereist

תַּחַת   [tachat] unter

קָרַחַת   [karachat] (f), Glatze

סָמֶךְ
Samech

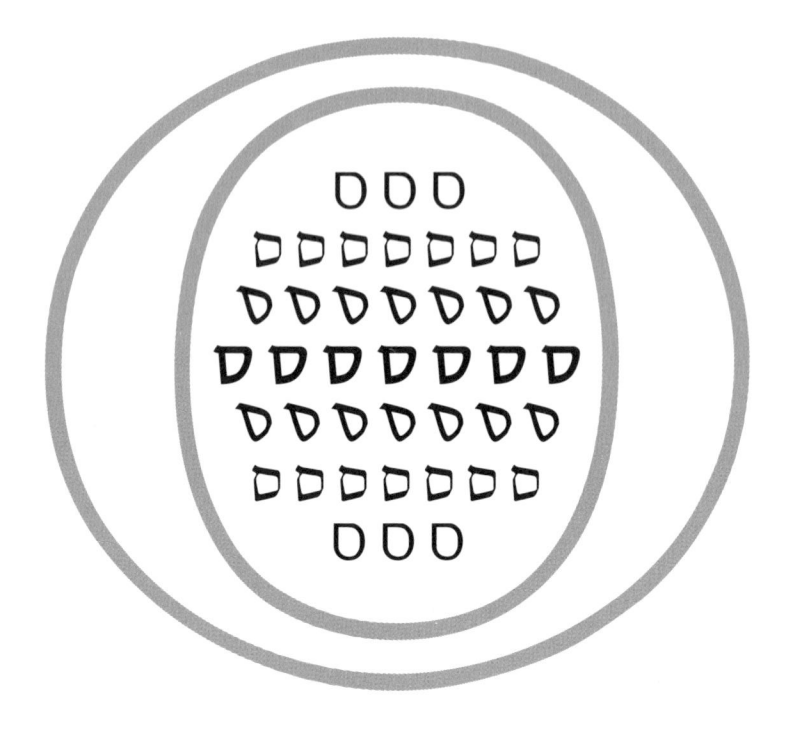

סָמֶךְ
Samech

Samech
wird wie das
deutsche ß
ausgesprochen.

Schreiben Sie:
(von rechts nach links)

ט

ס

Lesen Sie: קרא:

סָח	[ßach] er sagt		חַס	[chaß] leid tun
סָרַק	[ßarak] er durchsuchte		סָחַר	[ßachar] er handelte

הֵא
He

יד

Lektion 1 שִׁעוּר

הֵא
He

He
wird wie ein
deutsches **h**
ausgesprochen.
Am Wortende
ist es stumm.

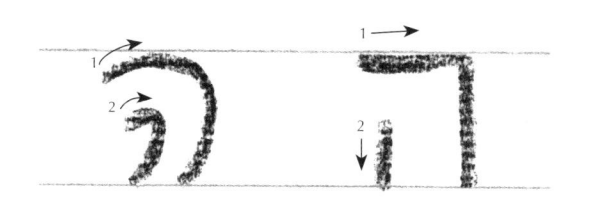

Schreiben Sie:
(von rechts nach links)

ה

ה

He am Ende eines Wortes ist ein Kennzeichen
für ein **e**, **a** und manchmal **o** im Auslaut.

In der Umschrift wurde das **He** am Ende eines
Wortes weggelassen, weil es keine Wirkung auf
die Aussprache hat.

Lesen Sie: :קְרָא

רַקָּה	[raka] (f), Schläfe	הַס	[haß] Still!
הַר	[har] (m), Berg	הָרַס	[haraß] er zerstörte
הָרָה	[hara] (f), schwanger	קָרָה	[kara] (f), kalt
תָּרָה	[tara] sie bereist	תָּהֲתָה	[tahata] sie staunte

תַּרְגִּילִים
Übungen

1. Bilden Sie die entsprechenden Paare: ‏ו. קְנֵה גְעְגְוֹת עַל פִּי הַדְּגְמָא:‏

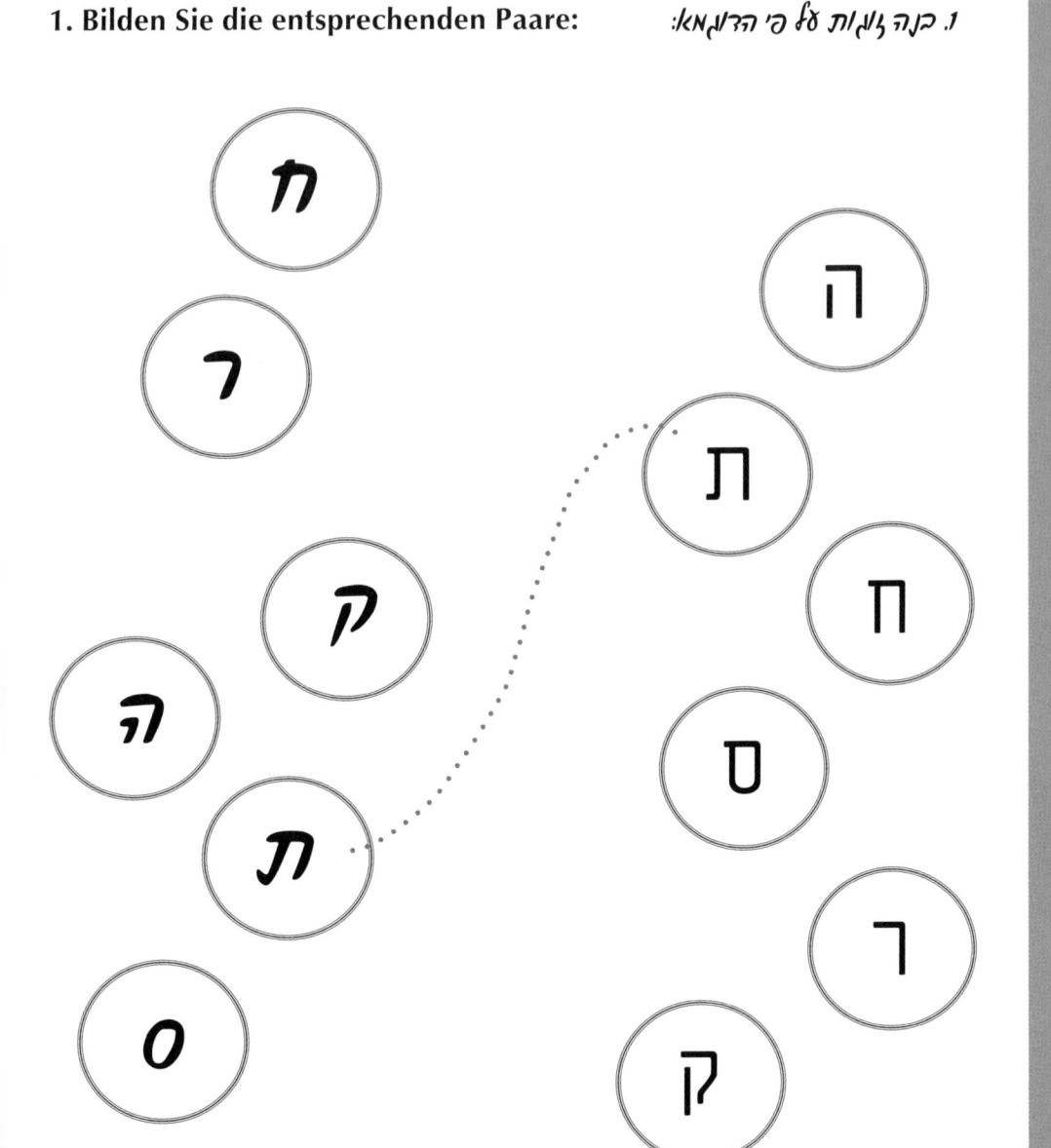

תַּרְגִּילִים
Übungen

2 . Markieren Sie die richtigen Buchstaben: ‏2. סַמֵּן אֶת הָאוֹת הַנְּכוֹנָה‎

ה - ה ה ר ה ר ק ק

ח - ח ח ת ח ת ת ת

ר - ר ר ה ר ה ה ר

ת - ח ת ח ת ח ת ח

ק - ק ק ר ק ה ה ה ק ר

ס - ת ס ת ס ס ת ת ת

ת - ח ת ח ת ח ת ח

ק - ק ק ר ק ה ה ק ר

ס - ת ס ת ס ס ת ת

תַּרְגִּילִים
Übungen

3. Lesen und schreiben Sie von rechts nach links mehrmals in Schreibschrift:

3. קרא וכתב מיאין fkנef באותיות כתב:

קָרַחַת
[karachat] (f), Glatze

הַר
[har] (m), Berg

קַר
[kar] (m), kalt

סָחָה
[ßacha] sie sagte

סָקַר
[ßakar] er beobachtete

רַקָּה
[raka] (f), Schläfe

חָקַר
[chakar] er forschte

תַּחַת
[tachat] unter

18

תַּרְגִּילִים
Übungen

הָרָה
[hara] (f), schwanger

תָּר
[tar] er bereist

סָרָה
[ßara] sie weicht ab

תָּהֲתָה
[tahata] sie staunte

תָּרָה
[tara] sie bereist

סָחֲרָה
[ßachara] sie handelte

חָרַק
[charak] er knirschte

קַח
[kach] (m), nimm

הָרַס
[haraß] er zerstörte

תַּרְגִּילִים
Übungen

4. Markieren Sie die Buchstaben, die Sie wiedererkennen.

4. סמן את האותיות שאתה מזהה.

בכיר במשרד
החינוך לא יורשה
כנראה להיכנס
לחדר מזכירתו

בלומנטל תחכה רק עוד
יומיים כדי לראות אם
היועץ המשפטי הפנים
את מה שקרה בוועדה

גורמי ביטחון:

נכון שירי טילי הקסאם מתרחש בדרך כלל בזמן שצה"ל נמצא בעומק השטח, ודווקא כשצה"ל
יוצא הירי מפסיק - אבל אין להסיק מכך שצה"ל הוא שיורה את טילי הקסאם על שדרות

חשש שאם יחדלו הפיגועים ונפסיק
לשמוע את עוזי לנדאו בתקשורת

- מודעה -

משרדי החמאס, החזית
העממית והג'יהאד
האסלאמי בדמשק יהיו
סגורים גם מחר

עם ציבור לקוחותינו הסליחה

מצטערים

בכתבה על שרי אריסון צולמה בטעות הבריכה של
אייזנברג

פינת הסטטיסטיקה

סקר קובע כי מבחינה סטטיסטית
אנשים נהרגים הרבה יותר מאשר
מכל סיבה אחרת.

Vokal   e   תנועה

Der Vokal **e** wird mit den folgenden
Zeichen unter den Buchstaben dargestellt:

kurzes e wie in Kern	ֶX
langes e wie in Lehrer, manchmal mit leichter i-Abtönung	ֵX
kurzes e, unbetont	ְX

zum Beispiel: *לדוגמא:*

ke -	קֶ	קֵ	קְ
re -	רֶ	רֵ	רְ
se -	סֶ	סֵ	סְ

Lesen Sie: *קרא:*

חֶסֶר	[cheßer] (m), Mangel	חֵקֶר	[cheker] (m), Erforschung
הֶרֶס	[hereß] (m), Zerstörung	קֶרַח	[kerach] (m), Eis
		סֵתֶר	[ßeter] (m), Versteck

פֵּא
Pe

פֵּא
Pe

Pe
wird wie **p**
ausgesprochen.

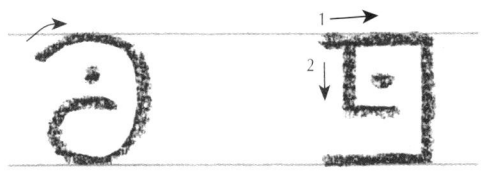

פ

ﬤ

Lesen Sie: *קְרָא:*

רַפֵּה	[rape] (m), lass nach!	פָּרָה	[para] (f), Kuh
חַפֵּה	[chape] (m), decke!	סַפָּר	[ßapar] (m), Friseur
סַפֵּר	[ßaper] (m), erzähle!	פַּקָּח	[pakach] (m), Aufseher
פֶּרַח	[perach] (m), Blume	פַּר	[par] (m), Bulle

23

פֵּא
Fe

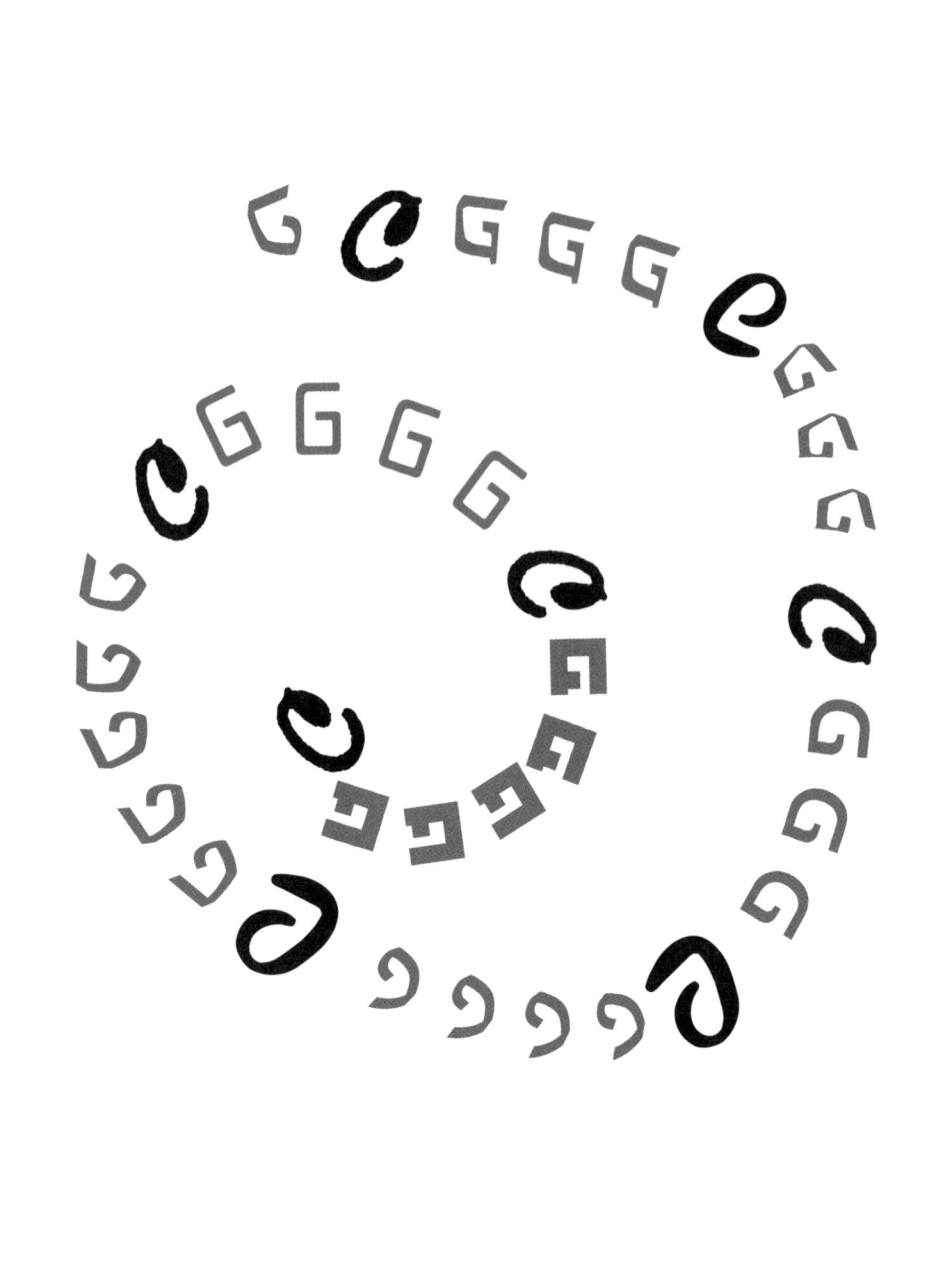

פֵא
Fe

Fe
wird wie **f**
ausgesprochen.

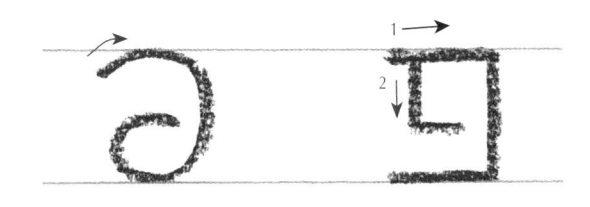

Lesen Sie: קרא:

חָפַר	[chafar] er grub	קָפֶה	[kafe] (m), Kaffee
רַקֶּפֶת	[rakefet] (f), Alpenveilchen	רָפֶה	[rafe] (m), locker
סֵפֶר	[sefer] (m), Buch	חָפֶה	[chafe] (m), Deckblatt
		תֶּפֶר	[tefer] (m), Naht

פֵּא סוֹפִית
Fe Sofit

Lektion 2 שִׁעוּר

26

פֵּא סוֹפִית
Fe Sofit

Fe Sofit
Der **Fe**
Endbuchstabe
erscheint nur am
Ende eines
Wortes.

Lesen Sie: קְרָא:

חֶרֶף	[cheref] trotz	סַף	[ßaf] (m), Schwelle
חָרַף	[charaf] er überwinterte	חַף	[chaf] (m), unschuldig

בֵּית
Bet

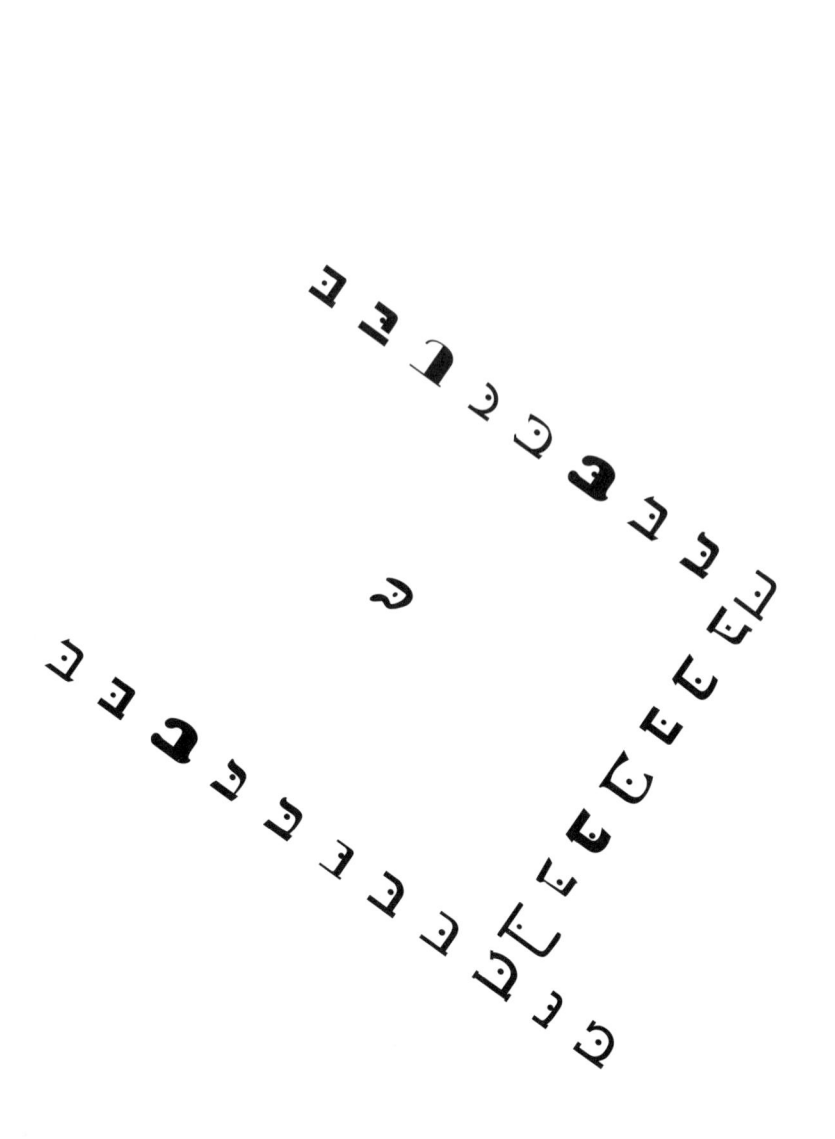

בֵּית
Bet

Bet
wird wie **b**
ausgesprochen.

Lesen Sie: קְרָא:

בַּס	[baß] (m), Bass	בָּרַח	[barach] er flüchtete
בָּקָר	[bakar] (m), Rindvieh	בָּהָר	[bahar] im Berg
בָּרָק	[barak] (m), Blitz	בַּת	[bat] (f), Tochter
חַבֵּר	[chaber] (m), verbinde!	בַּר	[bar] (m), wildwachsende Pflanzen

בֵּית
Wet

ר

Lektion 2 שִׁעוּר

30

בֵּית
Wet

Wet
wird wie das
deutsche **w**
ausgesprochen.

ב

ב

Lesen Sie: *קְרָא:*

סָב	[ßaw] (m), Großvater	רַב	[raw] (m), Rabbiner, Lehre
הָבָה	[hawa] wohlan!	חָבֵר	[chawer] (m), Freund
קֶבֶר	[kewer] (m), Grab	חֲבֵרָה	[chawera] (f), Freundin

וָו
Waw

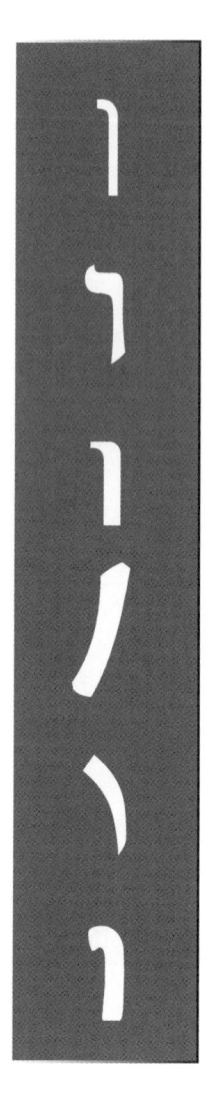

לב

Lektion 2 שֵׁעוּר

32

וָו
Waw

Waw
wird wie ein
deutsches **w**
ausgesprochen.

Waw ist auch der
Vokalträger
von **o** und **u**.

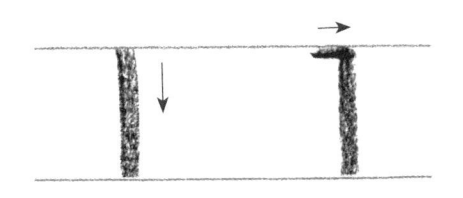

ו

|

Waw wird wie **Wet** ausgesprochen.

Lesen Sie: *קרא:*

| רַוָּק | [rawak] (m), Junggeselle | | וָו | [waw] (m), Haken |
| חָוַר | [chawar] er erblasste | | הַוָו | [hawaw] (m), der Haken |

תַּרְגִּילִים
Übungen

1. Bilden Sie die entsprechenden Paare:

ו. בְּנֵה זְוֹגוֹת :

תַּרְגִּילִים
Übungen

2. Markieren Sie die Buchstaben, die Sie wiedererkennen:

‏2. סַאן אֶת הָאוֹתִיוֹת sאוֹתָה מָעַהה:

‏**פותחים שביתה**

‏באילת מאיימים: נסגור את העיר

‏בגלל התוכנית הכלכלית המבטלת או מצמצמת הטבות מס

‏מאת **דוד רגב,** כתבנו לענייני רווחה
‏מתכוונים לצאת בשבוע הבא לחופשה באי־
‏לת? חושבתכם בסכנה: תושבי אילת, בהם עובדי
‏מפעלים, בעלי בתי מלון ואחרים, מאיימים להש־
‏בית מיום ראשון את אילת ולמנוע מנופשים להגיע
‏לעיר, במחאה על גזירות התוכנית הכלכלית.
‏מתוכנית הקיצוצים בתקציב עולה, בין היתר, שה־
‏טבות במס שניתנו לאילת כדי לסייע לה להתמודד עם

‏הקשיים הכלכליים, בוטלו או צומצמו. כך, למשל, לד־
‏ברי יו"ר ההסתדרות באילת, אבי אזולאי, הטבות מס
‏ונקודות זיכוי הניתנות לתושבי העיר קוצצו בחלקן.
‏בעקבות זאת הוחלט לנקוט בפעולות המחאה. "כל המ־
‏ערכות בעיר יושבתו והכול ישובש", אמר אתמול אזולאי.
‏אגב, ביום ראשון אמור להיפתח באילת כנס של
‏לשכת עוה"ד, בהשתתפות אלפי עו"ד מכל רחבי
‏הארץ.

תַּרְגִּילִים
Übungen

3. Lesen Sie und schreiben Sie in Schreibschrift:

‫3. קְרָא וּכְתֹב בְּאוֹתִיּוֹת כְּתָב:‬

בָּקָר
[bakar] (m), Rindvieh

פַּחַת
[pachat] (m), Fallgrube

חָבֵר
[chawer] (m), Freund

חָוַר
[chawar] er erblasste

חֲבֵרָה
[chawera] (f), Freundin

הָבָה
[hawa] wohlan!

סֵפֶר
[ßefer] (m), Buch

פַּח
[pach] (m), Blech

תַּרְגִּילִים
Übungen

רָקַב
[rakaw] er verdarb

תֶּפֶר
[tefer] (m), Naht

תָּפַר
[tafar] er nähte

תֵּה
[te] (m), Tee

פֶּה
[pe] (m), Mund

קֶרַח
[kerach] (m), Eis

רַוָּק
[rawak] (m), Junggeselle

קָפֶה
[kafe] (m), Kaffee

רַקֶּפֶת
[rakefet] (f), Alpenveilchen

תַּרְגִּילִים
Übungen

4. Markieren Sie die richtige Buchstaben: .4 סַמֵן אֶת הָאוֹת הַנְכוֹנָה:

פ - פ ב ב פ פ פ פ ב	ב - כ כ כ כ כ כ כ
ק - ק ק ף ק ף ק ף ק ף	ח - ח ח ת ח ת ת ת
ס - פ ס פ ס ס פ פ	ר - ר ר ר ר ר ר

5. gleich =   verschieden /   .5 ד/אמה = שׁוֹנָה /

תרח	חתר		תח / חת
רתח	רתח		הה = הה
ספף	ספר		בה בח
בחר	בתר		תת תת

לח

Lektion 2 שיעור

38

Vokal   o   תנועה

Der Vokal **o** wird mit den folgenden
Zeichen dargestellt:

kurzes **o** wie Wolle   אֹ

langes **o** wie Wohl   אוֹ

zum Beispiel: *לדוגמא:*

ko -   קוֹ

ro -   רוֹ

po -   פֹּה

Lesen Sie: *קרא:*

חוֹפֵף	[chofef] (m), deckend	רֹב	[row] Mehrheit
תּוֹפֵר	[tofer] er näht	פּוֹרֶה	[pore] (m), fruchtbar
חוֹפֶרֶת	[choferet] sie gräbt	בֹּקֶר	[boker] (m), Morgen
סוֹפֶרֶת	[ßoferet] (f), Schriftstellerin	תּוֹרָה	[tora] (f), Thora

גִּימֶל
Gimel

מ

Lektion 3 שִׁעוּר

גִּימֶל
Gimel

Gimel
wird wie **g**
ausgesprochen.

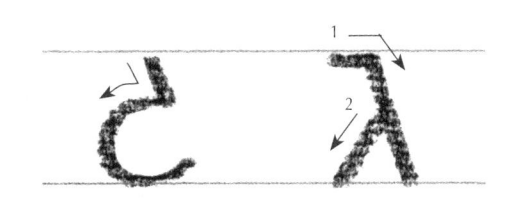

ג

ל

Gimel mit Apostroph wird zur Wiedergabe
von fremdsprachlichen Lauten benutzt
wie [dʒ] im Englischen George

ג׳

ג׳וֹרג׳

Lesen Sie: קרא:

סוֹגֵר	[ßoger] er schließt	גֶּבֶר	[gewer] (m), Mann
בּוֹגֶרֶת	[bogeret] (f), Erwachsene	חַג	[chag] (m), Fest
גֵּר	[ger] (m), Fremder	חוֹגֵג	[chogeg] er feiert
גָּרָה	[gara] sie wohnt	חוֹגֶגֶת	[chogeget] sie feiert

אָלֶף
Alef

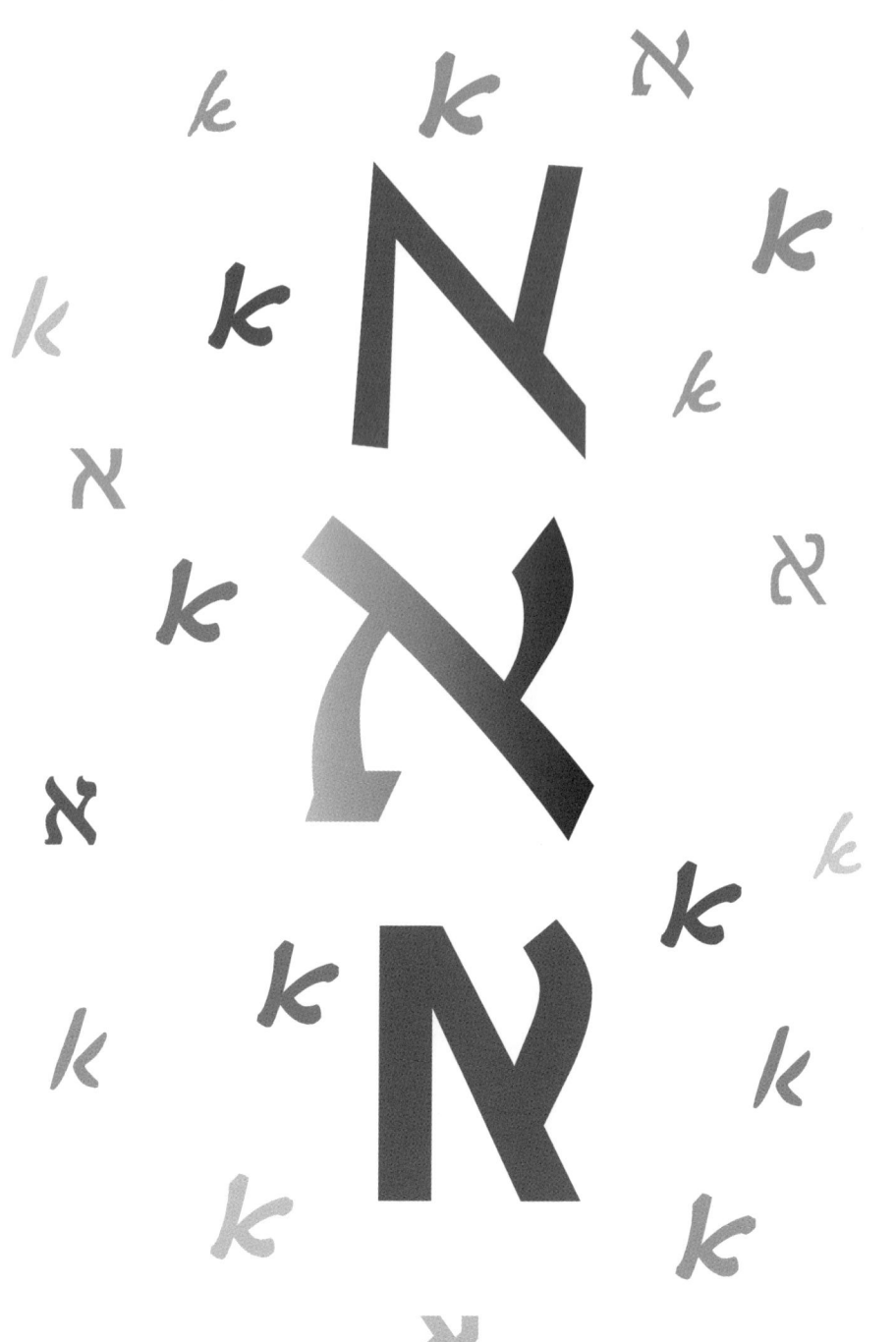

מב

Lektion 3 שִׁעוּר

42

אָלֶף
Alef

Alef
Ein stummer Konsonant. Er wird wie **a, o, e, i,** oder **u** ausgesprochen.

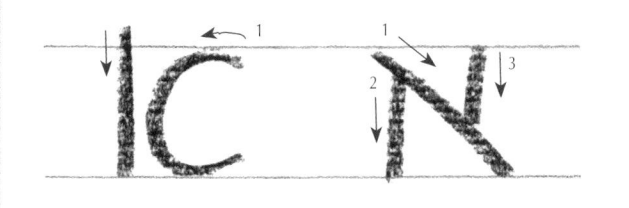

Die Aussprache von Alef hängt von dem Vokal ab, der ihn begleitet.

z.B: a = אַ, אָ; o = אֹ, אוֹ; e = אֶ, אֵ

In der Umschrift wird das **Alef** am Anfang und innerhalb eines Wortes mit dem Zeichen ` dargestellt. Am Wortende wurde es weggelassen, weil es keine Wirkung auf die Aussprache hat.

Lesen Sie: קרא:

אוֹהֵב [`ohew] er liebt                          אָב [`aw] (m), Vater

אֵת [`et] (m), Spaten                          אוֹסֵר [`oßer] er verbietet

אַף [`af] (m), Nase                             אַהֲבָה [`ahawa] (f), Liebe

בָּאָה [ba`a] sie kommt                         אַבָּא [`aba] (m) Papa, Vater

דָּלֶת
Dalet

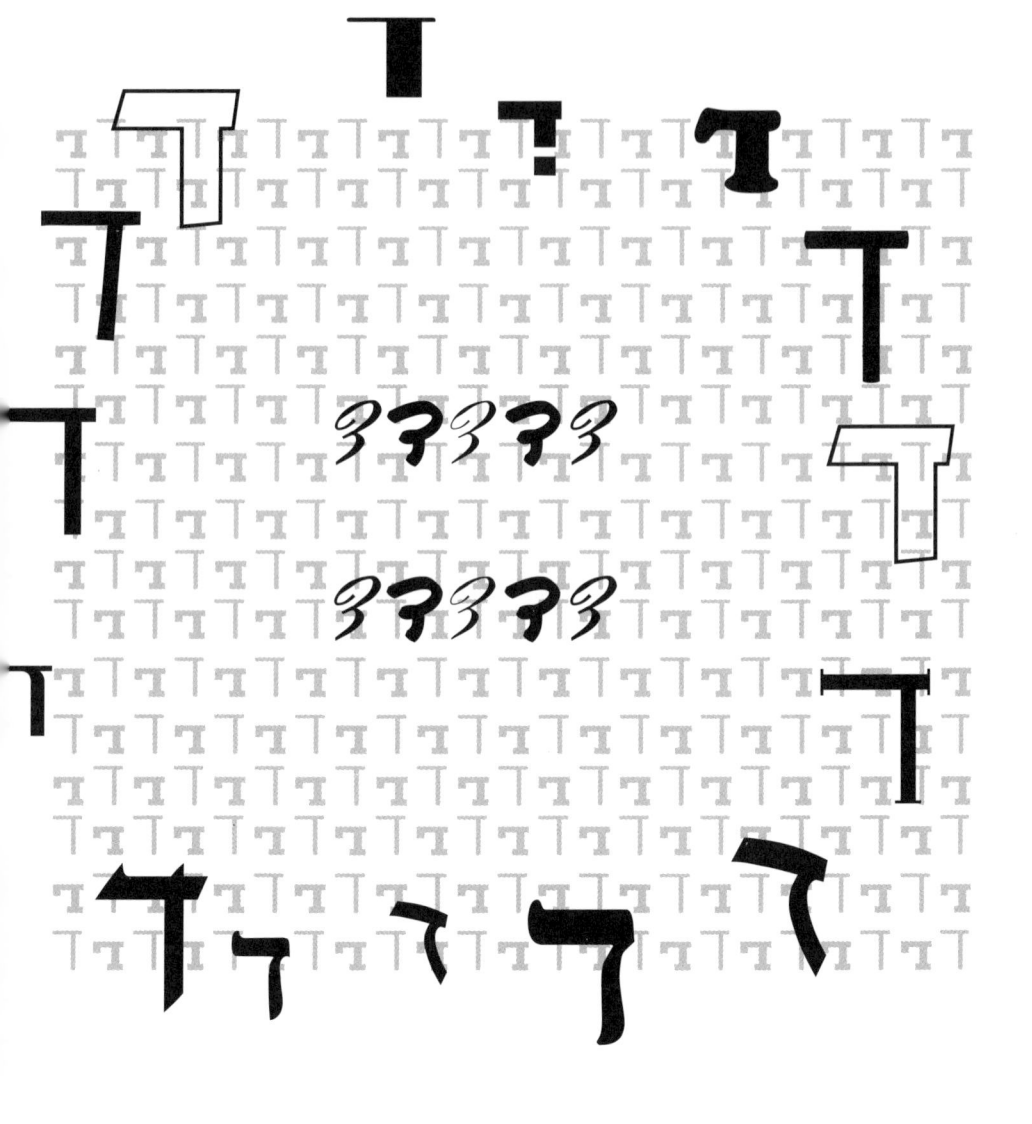

מד

Lektion 3 שִׁעוּר

44

דֶּלֶת
Dalet

Dalet
wird wie **d**
ausgesprochen.

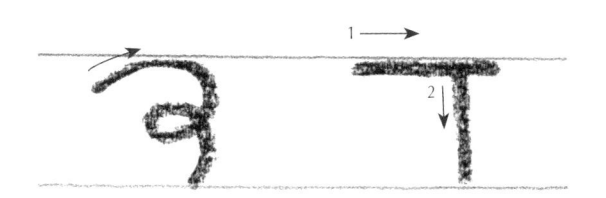

מה

שיעור 3 Lektion

Lesen Sie: קרא:

דּוֹאֶגֶת	[do`eget] sie sorgt	אֶגֶד	[`eged] (m), Verband
דָּאֲגָה	[da`aga] sie sorgte	דּוֹר	[dor] (m), Generation
סוֹד	[ßod] (m), Geheimnis	חֶדֶר	[cheder] (m), Zimmer
דָּבָר	[dawar] (m), Sache	דּוֹאַר	[do`ar] (m), Post

45

לָמֶד
Lamed

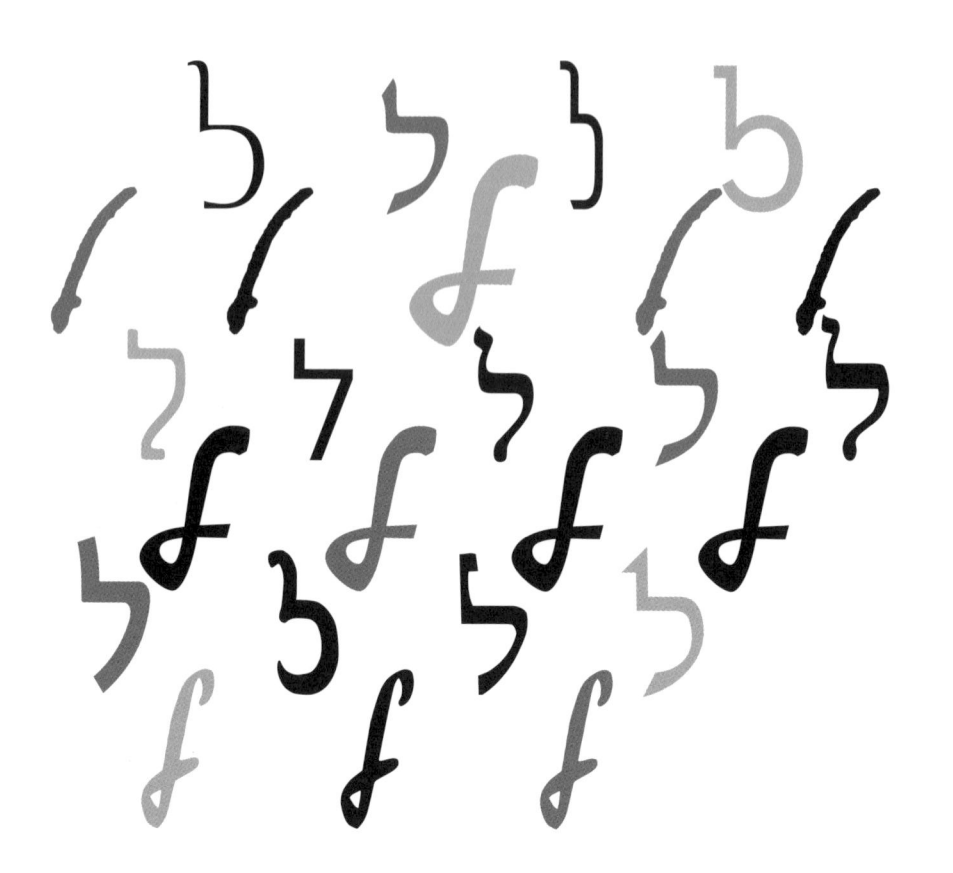

מו

Lektion 3 שִׁעוּר

46

לָמֶד
Lamed

Lamed
wird wie **l**
ausgesprochen.

Lesen Sie: קְרָא:

גַּל	[gal] (m), Welle	גָּדוֹל	[gadol] (m), groß
קַלָה	[kala] (f), leicht	לֹא	[lo`] nein
סַל	[ßal] (m), Korb	לוֹ	[lo] ihm
לֶפֶת	[lefet] (f), Steckrübe	פֶּלֶא	[pele] (m), Wunder

יוֹד
Jod

מח

Lektion 3 שׁעוּר

48

יוֹד
Jod

Jod
wird wie **j**
ausgesprochen.

Jod ist auch ein
Vokalträger für i.

ד

ו

Lesen Sie: קרא:

יוֹרֶדֶת	[joredet] sie steigt hinab	יֶלֶד	[jeled] (m), Kind
יוֹלֶדֶת	[joledet] sie gebärt	יָד	[jad] (f), Hand
יֶרֶק	[jerek] (m), Grünzeug	חַיָּה	[chajah] (f), Tier
יָרֹק	[jarok] (m), grün	בַּיָד	[bajad] in der Hand

תַּרְגִּילִים
Übungen

1. Bilden Sie die entsprechenden Paare:

‏1. כְּנֵה גֵּלָ/ות :

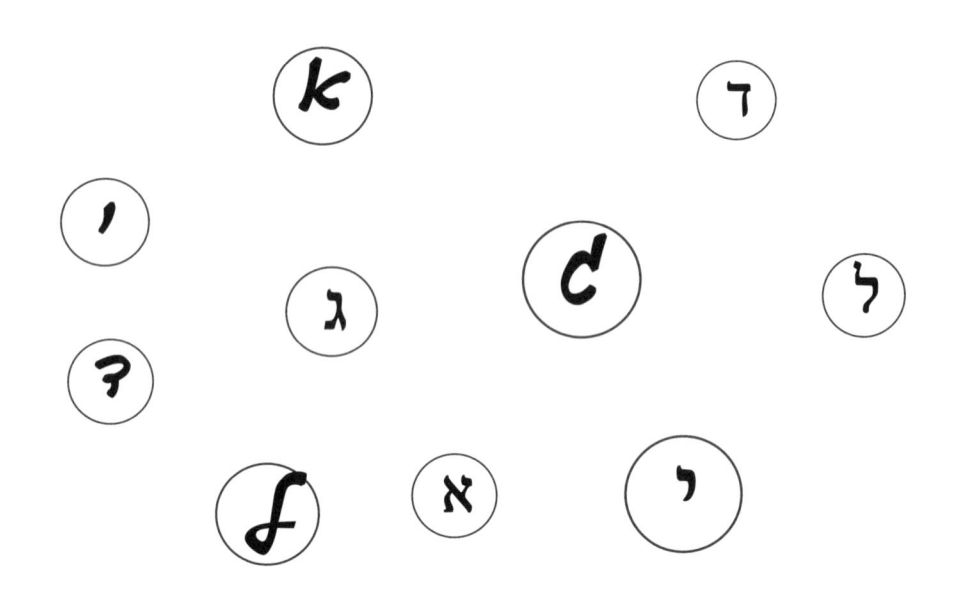

2. Was ist gleich?

‏2. מַה דּוֹמֶה?

חג -	לג?	לג	חג	לג	לג?
אגד -	אגר	אבר	אגד	בגד	
רוק -	רוה	רוח	רוכ	רוק	
סוד -	סוד	פוד	חוד	סור	
אות -	גות	אות	ארת	אחת	
ילד -	בגד	ירק	ילד	ולד	

Lektion 3 שִׁיעוּר

50

תַּרְגִּילִים
Übungen

3. gleich = verschieden / **3. ר/אה = שׁוֹנֶה /**

סגר	סור
גדל	גורל
גדל	גדל
אף	אר
פר	פה
דלה	דלה
אבל	אבר
ורק	גרק
דק	רק

או	אר
ירד	ורד
ורד	ורד
גדול	לדוג
יורד	יורד
גודל	גורל
ילד	ולד
בוגר	בוקר
בוגר	בוגד
אגד	אגד

תַּרְגִּילִים
Übungen

4. Lesen und schreiben Sie in Schreibschrift:

‎4. קְרָא וּכְתֹב בְּאוֹתִיּוֹת כְּתָב:

יֶלֶד
[jeled] (m), Kind

דּוֹאֶגֶת
[do`eget] sie sorgt

גַּג
[gag] (m), Dach

חַג
[chag] (m), Fest

אַבָּא
[`aba] (m) Papa, Vater

בָּאָה
[ba`a] sie kommt

גָּרָה
[gara] sie wohnt

אוֹהֶבֶת
[`ohewet] sie liebt

תַּרְגִּילִים
Übungen

אוֹפֶּרָה
[opera] (f)

תּוֹרָה
[tora] (f)

פֶּסַח
[peßach] (m)

פָלָפֶל
[falafel] (m)

סוֹדָה
[ßoda] (f)

קוֹקָה קוֹלָה
[koka kola] (f)

תֵּה
[te] (m)

קָפֶה
[kafe] (m)

תַּרְגִּילִים
Übungen

5. Markieren Sie die Buchstaben, die Sie wiedererkennen.

5. סמן את האותיות שאתה מכיר.

שבוע אחרון לחגוג
על הגב שלנו...

איקאה בת שנתיים זה הזמן לחלומות הגדולים... להחליף סוף סוף את הספה בסלון, לקנות ארון בגדים קצת יותר מרווח ולפנק את עצמכם במיטה קצת יותר רחבה. אז תכינו רשימה בגדול כי לא בכל יום אנחנו חוגגים יום הולדת...

הובלה חינם   6 תשלומים ללא ריבית

על קניית רהיטים* מעל 2000 ש"ח.   בקנייה מעל 200 ש"ח.

Vokal   i   תנועה

נה

Der Vokal **i** wird mit den folgenden
Zeichen dargestellt:

beide **i** mittlerer Länge   אִ

                  אִי

---

zum Beispiel: לדוגמא:

ki -   קִ   קִי

ri -   רִ   רִי

li -   לִ   לִי

Lesen Sie: קרא:

פִּיל	[pil] (m), Elefant	דִּירָה	[dira] (f), Wohnung
פָּרִיס	[pariß] Paris	גִּיל	[gil] (m), Freude
בִּירָה	[bira] (f), Bier	סִפֵּר	[ßiper] er erzählte
פִּתָּה	[pita] (f), Pitabrot	דִּבֵּר	[diber] er sprach

Lektion 4   שיעור

55

כַּף
Kaf

Lektion 4 שִׁעוּר

כַּף
Kaf

Kaf
wird wie **k**
ausgesprochen.

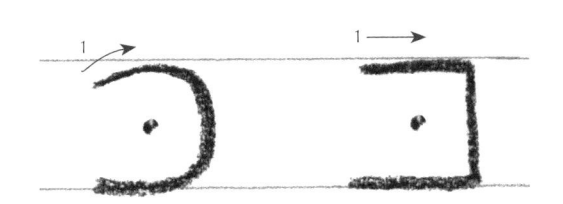

Bei **Kaf** und **Kof** ist die Aussprache gleich.

Lesen Sie: קראָ:

כִּי	[ki] weil	כִּתָּה	[kita] (f), Klasse
כֹּל	[kol] alles	כּוֹבֵל	[kowel] er fesselt
הַכֹּל	[hakol] alle, jeder	כּוֹתֵב	[kotew] er schreibt
כּוֹאֵב	[ko`ew] es schmerzt	כּוֹתֶבֶת	[kotewet] sie schreibt

כַּף
Chaf

נה

Lektion 4 שִׁעוּר

כַּף
Chaf

Chaf
wird wie das
deutsche **ch**
in Bach
ausgesprochen.

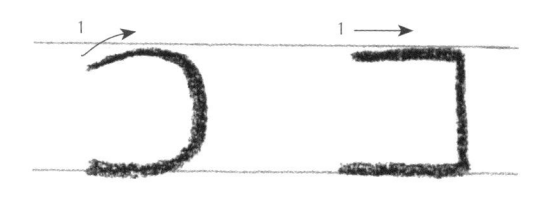

Chaf und **Chet** werden gleich ausgesprochen.

Lesen Sie: קרא:

יָכוֹל	[jachol] er kann	כָּכָה	[kacha] so
בָּכָה	[bacha] er weinte	אוֹכֵל	[`ochel] er isst
בּוֹכֶה	[boche] er weint	אוֹכֶלֶת	[`ochelet] sie isst

כַּף סוֹפִית
Chaf Sofit

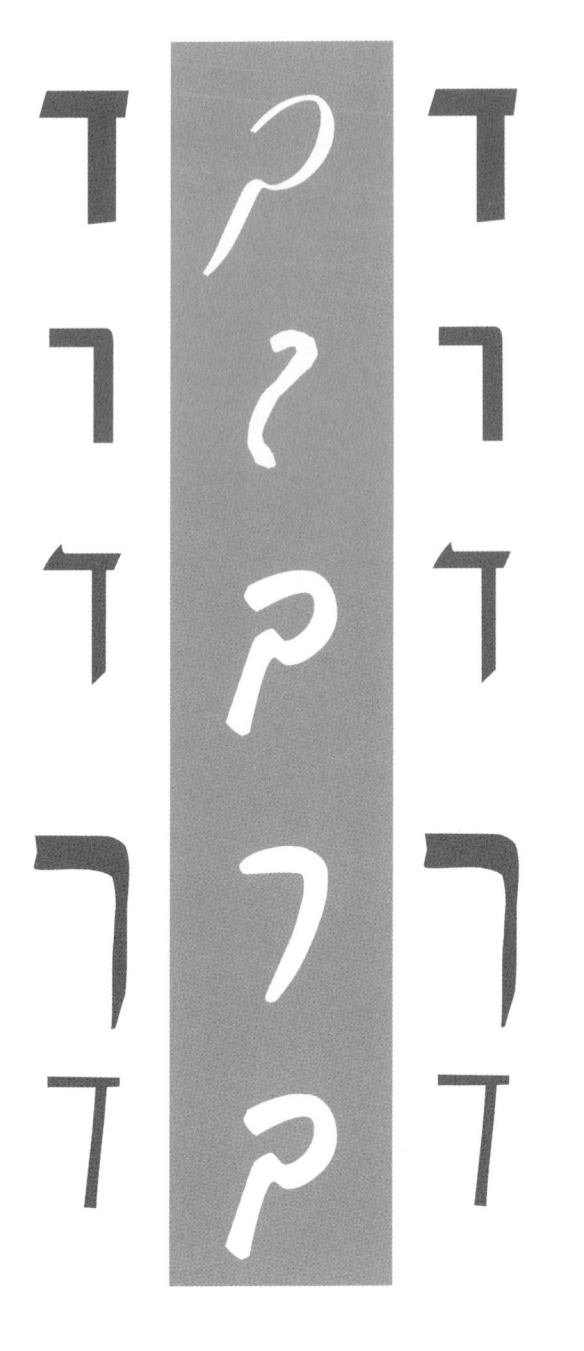

ק

Lektion 4 שִׁעוּר

כָּף סוֹפִית
Chaf Sofit

Chaf Sofit
Der **Chaf**
Endbuchstabe
erscheint nur am
Ende eines
Wortes.

Lesen Sie: קרא:

בָּךְ [bach] (f), in dir

הָלַךְ [halach] er ging

לָךְ [lach] (f), dir

כָּךְ [kach] so

אַךְ [`ach] aber, nur, eben

זַיִן
Sajin

כב

Lektion 4 שִׁעוּר

62

זַיִן
Sajin

Sajin
wird wie ein
deutsches
stimmhaftes **s**
ausgesprochen.

ז

ל

ז'

Sajin mit Apostroph wird zur Wiedergabe
von fremdsprachlichen Lauten benutzt.
wie [ʒ] im Französischen Jean

זַ'אן

Lesen Sie: קְרָא:

גּוֹזֵר [goser] er schneidet

בַּז [bas] (m), Falke

זַךְ [sach] (m), rein, sauber

זָכָר [sachar] männlich

זֵכֶר [secher] (m), Gedenken

זַגָּג [sagag] (m), Glaser

זוֹלֵל [solel] er frisst

תַּרְגִּילִים
Übungen

1. Lesen und schreiben Sie in Schreibschrift:

ו. קרא וכתב כאותיות כתב:

יֶלֶד
[jeled] (m), Kind

פִּתָּה
[pita] (f), Pitabrot

כָּכָה
[kacha] so

לָךְ
[lach] (f), dir

רַךְ
[rach] (m), weich

הוֹלֶכֶת
[holechet] sie geht

הוֹלֵךְ
[holech] er geht

בָּזֶה
[base] hiermit

זַיִן
Sajin

Sajin
wird wie ein
deutsches
stimmhaftes **s**
ausgesprochen.

ז

ז

Sajin mit Apostroph wird zur Wiedergabe
von fremdsprachlichen Lauten benutzt.
wie [ʒ] im Französischen Jean

ז׳

זָ׳אן

Lesen Sie: _קרא:_

גּוֹזֵר	[goser] er schneidet	זָכָר	[sachar] männlich
בַּז	[bas] (m), Falke	זֵכֶר	[secher] (m), Gedenken
זַ	[sach] (m), rein, sauber	זַגָּג	[sagag] (m), Glaser
		זוֹלֵל	[solel] er frisst

תַּרְגִּילִים
Übungen

1. Lesen und schreiben Sie in Schreibschrift:

ז. קרא וכתב כאותיות כתב:

יֶלֶד
[jeled] (m), Kind

פִּתָּה
[pita] (f), Pitabrot

כָּכָה
[kacha] so

לָךְ
[lach] (f), dir

רַךְ
[rach] (m), weich

הוֹלֶכֶת
[holechet] sie geht

הוֹלֵךְ
[holech] er geht

בָּזֶה
[base] hiermit

תַּרְגִּילִים
Übungen

אוֹרֶזֶת
[`oreset] sie packt

אוֹתִיּוֹת
[`otijot] (f), Buchstaben

תֵּל-אֲבִיב
[tel `awiw] Tel Aviv

כּוֹתֵב
[kotew] er schreibt

כּוֹתֶבֶת
[kotewet] sie schreibt

יָכוֹל
[jachol] er kann

חַי
[chaj] er lebt

חַיָּה
[chaja] (f), Tier

זוֹכֵר
[socher] er erinnert sich

תַּרְגִּילִים
Übungen

2. gleich = verschieden /   / שׁוֹנֶה   = דּוֹמֶה /שׁ .2

כק	כק
ככה	כבה
רק	רה
כר = כר
כק	כד
בכח	בכר
ככה	ככה
בק	בק

3. Was ist gleich?   ?מַה דּוֹמֶה .3

כתה -   בתה כתה כחה כהה פתה

ככה -   כבה בכה ככה כפה כרה

חיה -   חוה יחה חיה חלה חרה

לך -   לק כך בך לך אך

זכר-   וכר חזר זכה זכר כור

Vokal   u   תנועה

Der Vokal **u** wird mit den folgenden
Zeichen dargestellt:

beide u mittlerer Länge   אֻ

                         אוּ

zum Beispiel: *לדוגמא:*

ku -   קֻ   קוּ

ru -   רֻ   רוּ

gu -   גֻ   גוּ

Lesen Sie: *קרא:*

בָּחוּר	[bachur] (m), Jüngling	בּוּז	[bus] (m), Verachtung
קָבוּר	[kawur] (m), begraben	זוּזִי	[susi] (f), beweg dich!
כֻּלָּהּ	[kula] sie ist ganz	בֻּבָּה	[buba] (f), Puppe
		זָכוּר	[sachur] (m), bekannt

טֵית
Tet

סח

Lektion 5 שִׁעוּר

68

טֵית
Tet

Tet
wird wie **t**
ausgesprochen.

Tet und **Taw** werden gleich ausgesprochen.

Lesen Sie: קְרָא:

בַּלּוּטָה	[baluta] (f), Drüse	טוֹב	[tow] (m), gut
טַל	[tal] (m), Tau	טוֹבָה	[towa] (f), gut
טִיּוּל	[tijul] (m), Ausflug	טוּב	[tuw] (m), Güte
		בָּלֶט	[balet] (m), Ballett

מֵם
Mem

עא

מֶם
Mem

Mem
wird wie **m**
ausgesprochen.

שׁׅעוּר Lektion 5

Lesen Sie: קְרָא:

כַּמָּה	[kama] wie viel	מַה	[mah] was
מוֹרֶה	[more] (m), Lehrer	מִי	[mi] wer
גּוּמָה	[guma] (f), Grube	אִמָּא	[`ima] (f), Mutter
זִמָּה	[sima] (f), Unzucht	מוֹלֶדֶת	[moledet] (f), Heimat

מֵם סוֹפִית
Mem Sofit

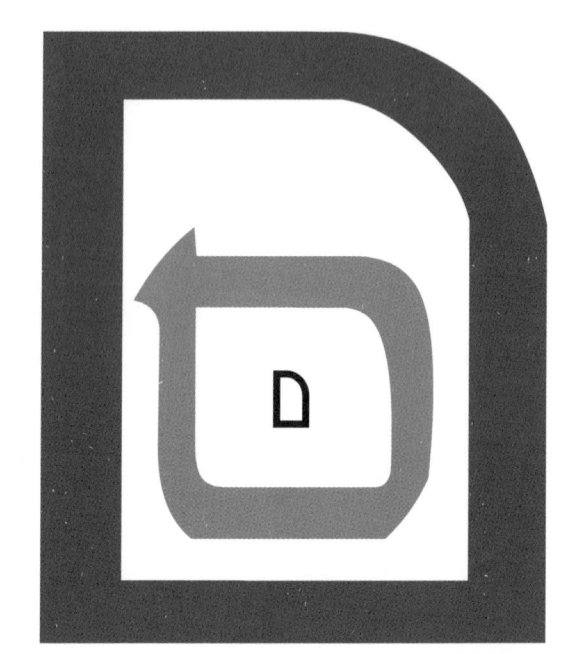

עג

מֵם סוֹפִית
Mem Sofit

Mem Sofit
Der **Mem**
Endbuchstabe
erscheint nur am
Ende eines Wortes.

שיעור 5 Lektion

ם

ם

Lesen Sie: קרא:

חָכָם	[chacham] (m), Weise		יָם	[jam] (m), Meer
מָקוֹם	[makom] (m), Platz		אָדֹם	[`adom] (m), rot
מַיִם	[majim] (m plural), Wasser		רָם	[ram] (m), hoch, erhaben
גָּרִים	[garim] (m), sie wohnen		גַּם	[gam] auch

73

נוּן
Nun

עד

Lektion 5 שִׁעוּר

כ בכ גנ גנ בכ

74

נוּן
Nun

Nun
wird wie **n**
ausgesprochen.

 נ

ן

Lesen Sie: קרא:

נָח	[nach] er ruht	בּוֹנֶה	[[bone] er baut
נָחִים	[nachim] (m), sie ruhen	קוֹנָה	[kona] sie kauft
הִנֵּה	[hine] hier ist	חֲנוּת	[chanut] (f), Laden
נוֹפֵל	[nofel] er stürzt		

נוּן סוֹפִית
Nun Sofit

וון ווו

ווו דדך ווו

נוּן סוֹפִית
Nun Sofit

Nun Sofit
Der **Nun**
Endbuchstabe
erscheint nur am
Ende eines Wortes.

Lesen Sie:

קרא:

בָּלָגָן	[balagan] (m), Unordnung	בָּלוֹן	[balon] (m), Luftballon
קָנוֹן	[kanon] (m), Kanon	אָדוֹן	[`adon] (m), Herr
רִמּוֹן	[rimon] (m), Granatapfel	נָכוֹן	[nachon] richtig
חָנוּן	[chanun] (m), begnadigt	נַגָּן	[nagan] (m), Musikant

תַּרְגִּילִים
Übungen

1. Bilden Sie die entsprechenden Paare:

‏ו. בְּנֵה זוּגוֹת :

ו

כּ

6

א

ק

ן

1

ג

נ

ס

ט

עח

Lektion 5 שִׁיעוּר

78

תַּרְגִּילִים
Übungen

2. gleich =   verschieden /   שׁוֹנֶה /   = דּוֹמֶה .2

רם	*רם*	*אוב*	טוב
פלט	בלט	אמא	*אמא*
נם	*נח*	*חנו*	חנן
פס	גם	מו	*אי*
בלגו	*פלגו*	*ואה*	זמה

3. Was ist gleich?   מַה דּוֹמֶה? .3

כמה - במה כטה כמה ככה
הנה - בנה מנה הנה חנה
חכם - חכס חכם ודם רחם
ים - יס ים וו רם דם

תַּרְגִּילִים
Übungen

4. Lesen und schreiben Sie in Schreibschrift:

‫4. קְרָא וּכְתֹב בָּאוֹתִיּוֹת כְּתָב:‬

אֲנִי
[`ani] ich

אַתֶּם
[`atem] (m), ihr

הֵם
[hem] (m plural), sie

אַתֶּן
[`aten] (f plural), ihr

נָכוֹן
[nachon] richtig

הֵן
[hen] (f plural), sie

טוֹב
[tow] (m), gut

טוֹבָה
[towa] (f), gut

תַּרְגִּילִים
Übungen

בָּנָנָה
[banana] (f)

מוּזִיקָה
[musika] (f)

מָיוֹנֶז
[majones] (m)

מוּזֵאוֹן
[museon] (m)

סָלָט
[ßalat] (m)

פָּרִיס
[pariß]

רוֹמָא
[roma]

טֶלֶפוֹן
[telefon] (m)

שִׁין
Schin

שִׁין
Schin

Schin
wird wie das
deutsche **sch**
ausgesprochen.

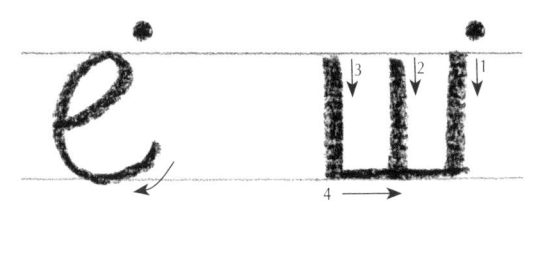

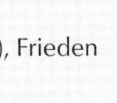

Lesen Sie: :קְרָא

יָשִׁיר	[jaschir] direkt	שָׁלוֹם	[schalom] (m), Frieden
שָׁנָה	[schana] (f), Jahr	שָׁם	[scham] dort
כָּשֵׁר	[kascher] (m), koscher	שָׁמָּה	[schamah] dorthin
שָׁר	[schar] er singt	שָׁרִים	[scharim] (m), sie singen

שִׂין
Ssin

שׁ

Lektion 6 שִׁעוּר

שִׂין
Ssin

Ssin
wird wie das
deutsche **ß**
ausgesprochen.

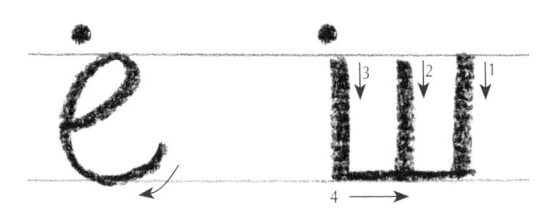

Ш

ė

Ssin und **Samech** werden gleich ausgesprochen.

Lesen Sie: קרא:

שָׂרִים [ßarim] (m plural), Minister   שָׂרָה [ßara] Sara

שִׂין [ßin] (m), Ssin (Buchstabe)   בָּשָׂר [baßar] (m), Fleisch

שָׂר [ßar] (m), Minister

עַיִן
Ajin

פו

Lektion 6 שִׁעוּר

86

עַיִן
Ajin

Ajin
Ähnlich wie Alef ist **Ajin** ohne Vokal kaum hörbar.
Es wird hinten im Rachen gesprochen.

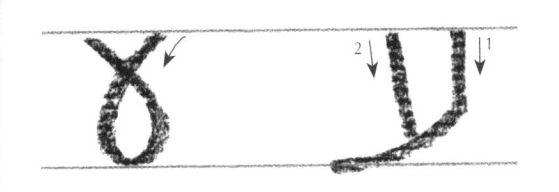

Die Aussprache von **Ajin** hängt von dem Vokal ab, der ihn begleitet.

z.B: a = עַ, עָ; o = עוֹ, עֹ; e = עֵ, עֶ

In der Umschrift wird das **Ajin** am Anfang und innerhalb eines Wortes mit dem Zeichen ' dargestellt. Am Wortende wurde es weggelassen, weil es keine Wirkung auf die Aussprache hat.

Lesen Sie: :קְרָא

עַל	['al] über	מַדּוּעַ	[madu'a] warum
עִם	['im] mit	עַיִן	['ajin] (f), Auge
עַם	['am] (m), Volk	רַע	[ra] (m), schlecht
		רָעָה	[ra'a] (f), schlecht

Lektion 6 שִׁעוּר

87

צָדִי
Zadi

צצצצצצצ

3333333

צצצצצצצ

ﭏﭏﭏﭏﭏﭏﭏ

צצצצצצצ

צצצצצצצ

צצצצצצצ

Lektion 6 שִׁעוּר

פח

88

צָדִי
Zadi

Zadi
wird wie das
deutsche **z**
ausgesprochen.

Zadi mit Apostroph wird zur Wiedergabe
von fremdsprachlichen Lauten benutzt.
wie [tʃ] im Englischen Churchill

צ׳

צֶ׳רְצִ׳יל

Lesen Sie: קרא:

צֶבַע	[zewa] (m), Farbe	צָב	[zaw] (m), Schildkröte
צֵל	[zel] (m), Schatten	צָבוּעַ	[zawu'a] (m), gefärbt
צִלָּה	[zila] ihr Schatten	צֶמֶר	[zemer] (m), Wolle
צַדִּיק	[zadik] (m), Gerechter	צָמֵא	[zame] (m), durstig

צָדִי סוֹפִית
Zadi Sofit

Lektion 6 שִׁעוּר

90

צָדִי סוֹפִית
Zadi Sofit

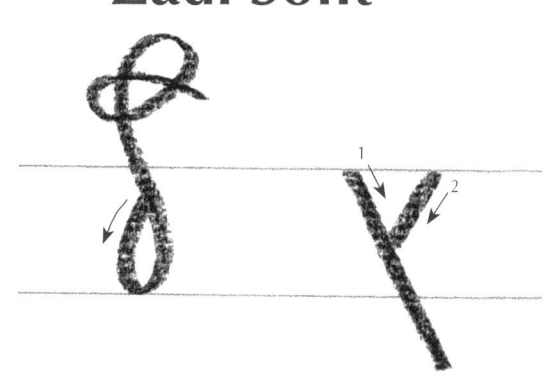

Zadi Sofit
Der **Zadi**
Endbuchstabe
erscheint nur am
Ende eines Wortes.

Lesen Sie: קרא:

פָּרוּץ	[paruz] (m), aufgebrochen	נוֹצֵץ	[nozez] er glänzt
אָץ	[`az] er eilt	קוֹצֵץ	[kozez] er hackt
רָץ	[raz] er läuft	קָצוּץ	[kazuz] (m), abgehackt

תַּרְגִּילִים
Übungen

1. Bilden Sie die entsprechenden Paare: ‏ו. קְנֵה גְּלָגוֹת :

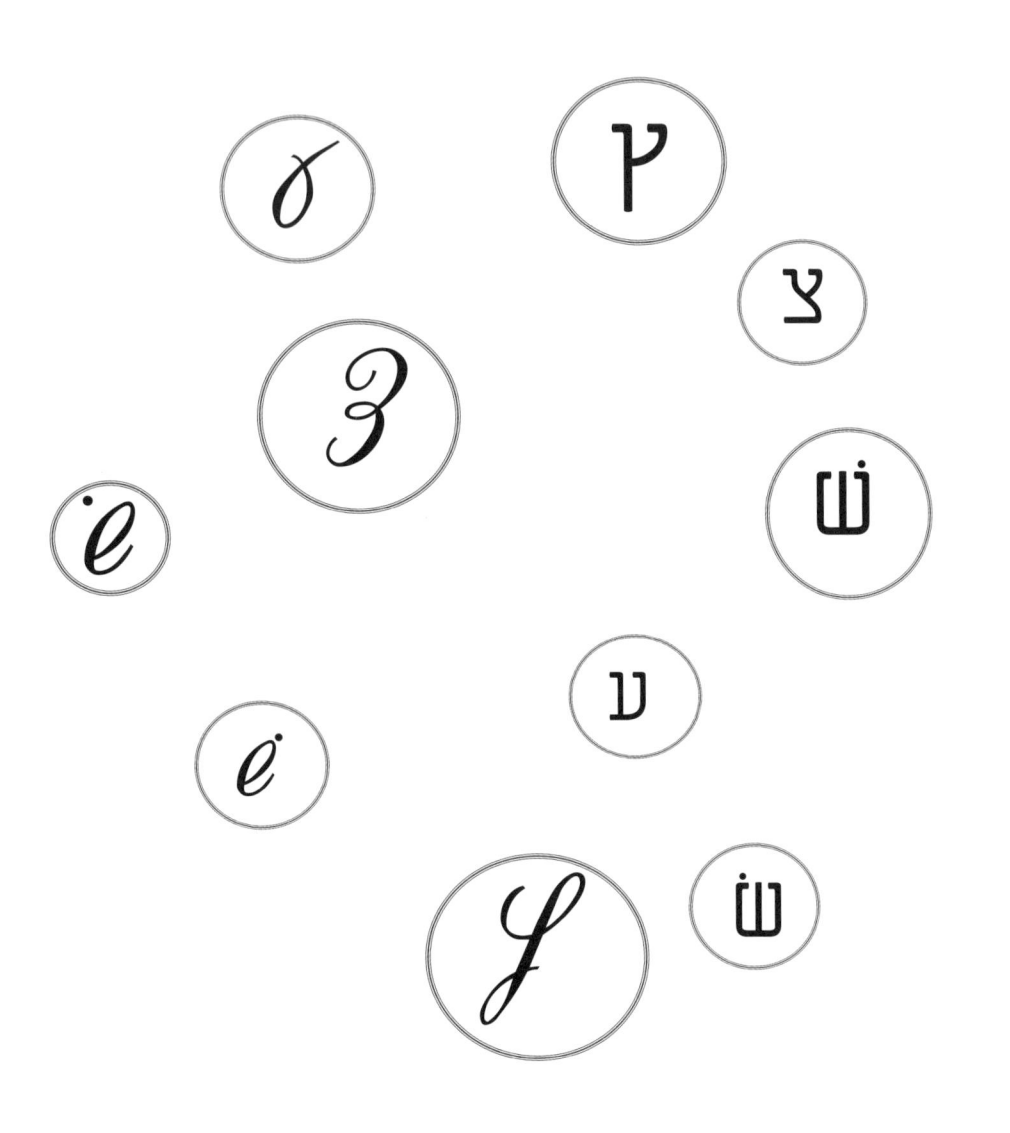

תַּרְגִּילִים
Übungen

2. Bilden Sie die entsprechenden Paare:

‎2. כְּנֵה זוּגוֹת :

Der Vokal Schwa שְׁוָא

Der Vokal **Schwa** wird mit zwei senkrechten Punkten unter den Buchstaben dargestellt: אְ

Die Aussprache unterscheidet sich zwischen einem **stummen Schwa** und einem „**beweglichen**" **Schwa**, das sich wie ein **kurzes e** anhört.

Befindet sich das Schwa unter einem Konsonanten, der am Silbenende steht, ist das **Schwa stumm**, wie in:

Berlin	בֶּרְלִין
Israel	יִשְׂרָאֵל
Ivrit	עִבְרִית
Architekt	אַרְכִיטֶקְט

Steht es unter einem Konsonanten am Wort- oder Silbenanfang, ist das **Schwa beweglich** und wird wie ein **kurzes e** ausgesprochen, wie in:

Gemara	גְּמָרָא
Jeruschalajim	יְרוּשָׁלַיִם
Netanja	נְתַנְיָה
Beer Schewa	בְּאֵר-שֶׁבַע

תַּרְגִּילִים
Übungen

1. Lesen und schreiben Sie in Schreibschrift:

‏1. קְרָא וּכְתֹב בְּאוֹתִיּוֹת כְּתָב:

אֲנַחְנוּ
[`anachnu] wir

מִשְׁנָה
[mischna] mündliche Lehre

בְּבַקָשָׁה
[bewakascha] bitte schön

אוֹטוֹבּוּס
[`otobuß] Bus (m)

סְטוּדֶנְט
[ßtudent] (m), Student

זֶה
[se] dieser, dieses

זֹאת
[sot] diese

טֶלֶוִיזְיָה
[telewisja] (f), Fernsehen

עִירָאק
['irak] Irak

תַּרְגִּילִים
Übungen

2. Lesen und schreiben Sie in Schreibschrift:

2. קְרָא וּכְתֹב בְּאוֹתִיּוֹת כְּתָב:

דֶּמוֹקְרַטְיָה

דִּיקְטָטוּרָה

הִיסְטוֹרְיָה

סוֹצְיוֹלוֹגְיָה

פְּסִיכוֹלוֹגְיָה

אוּנִיבֶרְסִיטָה

תֵּאַטְרוֹן

אַסְפִּירִין

אִשָּׁה שְׁנֵי בֵּית

הַלְלוּ בַּיִת מִדְבָּר הַרְרֵי
נָשִׁים
בָּאוּ
נָעֳרוֹ אֵלֶּיהָ אַבְרָהָם אֲשֶׁר
אָבִיהָ
הַיְתָה
הֲלֹא בָּרוּ אֲלֵיהֶם
בָּנָיו
בְּנֵיכֶם

אַבְרָהָם
אֲבוֹתֵינוּ אֲבוֹתָם
אֲבִיו אֲבִיכֶם

הָאֱלֹהִים אַבְרָהָם הַיּוֹם יִשְׂרָאֵל
וַיְהִי אֶחָד אֶחָת אֲנָשִׁים
לֵאמֹר הֶהָרִים אֶלָּה אֲדֹנִי

3. Lesen Sie die folgenden Wörter: קראו את המלים הבאות:

Übungen
תַּרְגִּילִים

Lektion 6 שִׁעוּר

Lautwert	Vokal
a	X̱ Ẋ Ẍ
e	Ẍ Ẍ Ẍ
o	X̣ Xᵢ
i	Ẋ Ẋ
u	Ẍ Xᵤ
Schwa kurze e	Ẋ